Patrick O'Quin

PATRICK O'QUIN.

Un coup affreux vient de frapper la famille O'Quin. M. O'Quin, Trésorier-Payeur-général a succombé ce matin à une longue et cruelle maladie. Le temps nous manque pour apprécier toute l'étendue de cette perte; nous y reviendrons dans un prochain numéro.

(Mémorial du 4 Mai.)

Les obsèques de M. P. O'Quin, Trésorier-Payeur-Général des Basses-Pyrénées, enlevé jeune encore, par une maladie implacable, à l'affection de ses nombreux amis, ont été célébrées hier matin, à 10 heures, à l'église St-Jacques.

La nouvelle de cettte mort prématurée, frappant dans tout son épanouissement une si belle intelligence; le souvenir des services rendus au pays par un de ses enfants dont la trop courte carrière, hélas ! fut si brillante et qui se montra toujours à la hauteur des divers emplois publics dont il fût investi, avait causé dans notre cité et dans tout le département la plus pénible et la plus douloureuse impression.

Aussi n'a-t-on pas été surpris de voir réunie autour de son cercueil une foule immense d'hommes accourus de tous les points du département et de la région pour rendre à celui dont la ville de Pau pleure la perte, un suprême et éclatant témoignage d'estime et de regrets.

Dans cette suite nombreuse venue pour accompagner à leur dernière demeure les restes de l'homme éminent qui honora le Béarn par l'éclat de son talent, on remarquait confondues toutes les notabilités de la science, de la magistrature, du barreau, de l'armée, de la finance, du commerce, de l'industrie et du travail.

Rarement hommage aussi universel fut mieux mérité.

A 10 heures, le cortége funèbre s'est mis en route pour l'église. Les enfants des diverses écoles communales des deux sexes ouvraient la marche. Leur présence était un hommage rendu à l'ancien maire de Pau ; six élèves des écoles dirigées actuellement par l'ancien et le nouveau directeur des écoles laïques portaient un poêle. La compagnie des Sapeurs-Pompiers de Pau, précédée de sa musique qui exécutait des symphonies funèbres durant le parcours, venait ensuite. Un détachement du 18° de ligne commandé par M. le capitaine Bonnetti a rendu au défunt les honneurs dûs à son grade d'Officier de la Légion-d'Honneur. Plusieurs poëles précédaient le char funèbre ; ils étaient portés par des membres de la Société des charpentiers, de la Société générale de secours mutuels, des voisins du regrettable défunt, des membres de l'administration des finances, MM. de Lestapis, Cailloux, Carpentier, percepteurs, Lerdou, Trésorier-général intérimaire ; des amis du défunt, MM. Ginot, docteurs Daran et Manes, Laforgue, notaire ; de la Fabrique de l'église St-Jacques, MM. Forest, avocat, de Montgaurin, conseiller, de Menvielle et Castéran, juges.

Les cordons du cercueil étaient tenus par MM. Delcurrou, Procureur général, Kampf, général commandant la 72e brigade d'infanterie, de Montpezat, maire de Pau, Lacrampe, Président du tribunal de 1re instance.

La levée du corps a été faite par M. le Curé de St-Jacques assisté d'un nombreux clergé dans les rangs duquel figuraient M. l'abbé Dhers, ancien vicaire-général du diocèse d'Aire, M. l'abbé St-Guily, curé-archiprêtre de St-Martin, M. l'abbé Thuillier, aumônier de Ste-Ursule, etc.

Le deuil était conduit par les quatre fils du défunt et par son gendre M. Vigneaux, professeur à la Faculté de droit de Bordeaux, assistés des divers membres de la famille.

Le service funèbre a été célébré par M. le Curé de St-Jacques et l'absoute donnée par M. le Curé de St-Martin.

Le cortége s'est rendu au cimetière au milieu d'une double haie compacte de population et après les dernières prières de l'Eglise, M. Laforgue, notaire, ancien adjoint au maire sous l'administration de M. O'Quin, a prononcé au bord de la tombe, d'une voix ferme et émue tout à la fois, les éloquents adieux que nous sommes heureux de pouvoir reproduire.

Voici comment M. Laforgue s'est exprimé :

« Messieurs,

« En présence de cette tombe qui va se fermer à jamais sur celui qui avait conquis des droits si profonds sur l'amour de sa famille éplorée, l'amitié de ceux qui comme moi ont eu le privilége de le connaître et de l'apprécier, qu'il me soit permis de laisser tomber une de ces paroles de regret qui prennent leur source dans le plus intime de l'âme et du cœur.

« Celui dont la mort impitoyable a fait sa victime à un âge jeune encore restera pour nous et pour notre pays qui l'a vu à l'œuvre dans des positions diverses et souvent difficiles, un de ces hommes d'élite qui marquent par leur activité, leur intelligence, leurs aptitudes variées et sérieuses, surtout par les réels services qu'ils ont eu l'avantage et la satisfaction de rendre.

« Qui plus que lui sût répondre à tous les appels faits à sa haute capacité, quand il était à la tête de notre ville, au sein du Conseil général, plus tard à l'assemblée des députés, et enfin comme financier dans les mauvais jours qui pesaient sur la France, alors qu'elle luttait contre l'étranger victorieux ?

« Celui que nous venons de perdre ne se désintéressait de rien de ce qui pouvait contribuer à la prospérité générale et surtout de ce qui touchait à la moralisation des masses. Sa carrière avait été toute consacrée au travail soit comme publiciste, soit dans les diverses positions où la confiance du gouvernement de son pays l'avait placé. Il fut un homme exceptionnellement doué du côté de l'intelligence et les diverses étapes de sa vie sont là pour l'attester plus haut que mes paroles. Sa plume autorisée fut toujours l'écho des convictions les plus saines, des tendances les plus patriotiques. Il fût aussi un homme de bien dans toute la force du mot et jamais, j'ose le dire, aucun mauvais sentiment ne germa dans ce cœur qui battait si haut pour toutes les nobles aspirations.

« Aussi sa mémoire restera toujours honorée dans notre pays qui sait reconnaître ceux dont le seul objectif est le travail persévérant, l'épanouissement autour d'eux de leurs forces intellectuelles et morales et le désir ardent de faire le bien toujours, partout et à tous.

« Miné depuis quelque temps par une cruelle

maladie, il avait senti sa fin prochaine et pour le meilleur exemple des siens et de ses amis, il avait tenu, avant la trop cruelle séparation, à affirmer ses convictions religieuses qui avaient toujours été l'âme de sa vie.

« Cher O'Quin, nous laissons ici votre dépouille mortelle mais nous avons déjà suivi votre âme dans le sein de Dieu. C'est là, épouse désolée qui pleurez un mari si parfait, enfants qui êtes si jeunes séparés du plus utile et du meilleur des pères, c'est là vous tous qui êtes venus si nombreux et si recueillis témoigner de votre douleur et de vos sympathies, que nous devons le chercher avec la suprême consolation de l'y retrouver un jour.

« Adieu donc, cher O'Quin, ou mieux au revoir dans le monde meilleur où vous êtes déjà entré. Adieu et au revoir au nom de tous ceux qui vous furent si chers ici-bas, au nom de tous vos nombreux amis et au nom de cette foule émue et respectueusement sympathique dont la présence ici fait la plus belle louange de votre vie trop courte mais si bien remplie. »

(Mémorial du 7 mai.)

Samedi, à 5 heures du matin, l'inexorable mort a ravi à notre cité un de ses enfants les plus considérables en la personne de M. O'Quin, trésorier payeur-général, et au moment où ce numéro va paraître, la tombe se referme sur cette nature d'élite dont on peut dire sans crainte d'être démenti : La lame a usé le fourreau.

Mêlé de bonne heure aux luttes politiques, en sa qualité de Directeur du *Mémorial des Pyrénées* (1ᵉʳ Janvier 1847, il avait alors 26 ans), il montra dès le début, tout ce que son organisation possédait de richesse et d'ampleur — aussi, cinq ans après, était-il nommé député de la 1ʳᵉ circonscription des Basses-Pyrénées et prenait-il au Corps législatif une place marquante parmi cette pléiade d'hommes politiques qui ont été et seront toujours la gloire du Gouvernement impérial.

A partir de ce moment, la confiance de ses concitoyens ne se démentit jamais à son égard, jusqu'au moment où, sa santé lui imposant de douloureux sacrifices, il quitta, pour le poste de Receveur-Général, cette vie de lutte et de travail qui allait si bien à son caractère et à ses aptitudes et où il n'eût tenu qu'à lui d'occuper les postes les plus élevés (décret du 6 juillet 1865).

« Dans ces nouvelles fonctions, M. O'Quin n'était pas homme à rester au-dessous de sa tâche, tant il possédait à un haut degré le talent de s'assimuler tout ce qu'il étudiait ; aussi, lorsque le Gouvernement de la Défense Nationale transporta son siège à Bordeaux, et s'entoura des lumières d'un comité de finances, M. O'Quin fût-il désigné pour prendre part à ces importants travaux où il ne tarda pas à se concilier, eu égard à ses connaissances spéciales, l'estime de ses adversaires politiques, même les plus avérés.

Nous ne parlerons pas de ce qu'il fut comme administrateur municipal, lorsque l'Empereur, qui se connaissait en hommes, l'appela à la tête de la Mairie de Pau ; encore moins de ce qu'était l'homme privé dont l'esprit pétillant faisait de lui dans les salons un conteur plein de charme ; la nouvelle de sa mort a produit à Pau une sensation assez grande pour que nous n'insistions pas sur ces points.

Et quand nous aurons constaté qu'à côté de l'homme et du fonctionnaire, le chrétien n'avait perdu aucun de ses droits, nous exprimerons personnellement à sa famille, si douloureusement frappée, la part que nous prenons à la perte qu'elle vient d'éprouver.

(Echo des Pyrénées du 6 mai.)

Patrice O'Quin, comme son nom l'indique, appartenait à une des nombreuses familles de la noblesse catholique d'Irlande qui suivirent en France le Roi Jacques II, à la suite de la révolution de 1688 qui appela Guillaume d'Orange au trône d'Angleterre. Les moyens d'existence ne tardèrent pas à faire défaut aux nobles compagnons d'exil du roi détrôné, duquel ils se séparèrent pour se disperser un peu au hasard, de tous les côtés : la famille O'Quin alla s'établir à

Bordeaux où sa résidence resta désormais fixée. Au bout de quelques années, la situation de cette famille était devenue considérable : quelques uns de ses membres furent appelés, antérieurement à 1789, aux premières magistratures municipales de la grande ville qu'ils habitaient. Le père de Patrice O'Quin, entré fort jeune au service en qualité d'engagé volontaire, devint sous-intendant militaire et officier de la Légion-d'Honneur ; il s'unit en mariage à Mlle Butay, de Pau, qui lui donna plusieurs enfants qu'il perdit successivement dans un âge encore tendre; un seul, celui qui fait l'objet de cette notice, arriva à l'âge adulte : c'était un enfant très-éveillé, très-vif, d'un visage tout pétillant d'esprit et d'intelligence et réussissant avec une égale facilité dans les sciences et dans les lettres; il arriva très-jeune au terme de ses études sans avoir rencontré de rivaux et laissant après lui le renom d'un des élèves les plus brillants dont s'honore le Lycée de notre ville, d'où sont sortis tant d'hommes éminents en tout genre. Le jeune O'Quin fit son droit à Paris, fut reçu licencié et prêta son serment d'avocat à la fin de 1841 ou au commencement de 1842. C'était presque un adolescent encore, ayant peu étudié le droit civil pour lequel il n'eut jamais aucun goût, mais un adolescent très spirituel, déjà très-lettré avec une facilité de conception et d'élocution sans égale : il lui prit fantaisie de débuter à la Cour d'assises, ou plutôt il voulut complaire à son vieux père malade, infirme et possédé du désir d'entendre ce fils objet

de toute sa tendresse et de toutes ses espérances.
Si nos souvenirs sont exacts, le jeune stagiaire
eut à défendre une vieille fileuse bohémienne qui
avait volé un chaudron ; il s'acquitta de cette tâche
ingrate avec un bonheur tel que s'il perdit sa cause
devant le jury qui refusa d'absoudre la bohémienne,
il la gagna devant l'auditoire qui se retira charmé
comme s'il eût assisté à l'explosion d'un feu d'artifice
bien réussi. La cour d'assises est pour la plaidoirie un
théâtre dont il ne nous est pas permis de parler irrévé-
rencieusement, mais qui à coup sûr ne convenait
ni aux goûts de Patrice O'Quin, ni à son tour d'esprit
si fin, si juste et si ennemi de l'emphase : il
n'y reparut plus : il plaida une ou deux fois devant
la juridiction civile, toujours pour être agréable à
son père : on le pressait beaucoup de solliciter
un poste de substitut; il hésita un instant, mais la
mort de son père survenue à cette époque lui rendit
sa pleine liberté de laquelle il usa pour dire au
Palais un adieu définitif et se livrer désormais à
ses goûts et à ses études de prédilection. Ce fut
vers le même temps que pour occuper ses loisirs.
il traduisit entr'autres ouvrages anglais, l'ouvrage sur
le *Climat de Pau* du docteur Taylor, ouvrage qui a si
puissamment contribué à la prospérité de la ville de
Pau devenue quelques années après cette publication
la première station d'hiver du Sud-Ouest de la France.
Le moment était arrivé pour P. O'Quin de choisir
une carrière, car sa médiocre fortune ne lui permettait
pas de vivre sans travailler ; peu s'en fallut qu'il

optât pour la carrière des lettres vers laquelle le portaient ses goûts et ses études, et où il serait vite parvenu à un rang élevé ; mais il ne put se résoudre à s'éloigner de Pau, sa ville natale, et surtout à abandonner sa mère, devenue veuve, dont il était l'unique soutien. Un ami de sa famille, M. E. Vignancour, lui ayant offert la rédaction du *Mémorial des Pyrénées* dont il était propriétaire, il l'accepta : et c'est ainsi qu'il se trouva naturellement engagé dans la vie politique qu'il n'avait ni souhaitée ni recherchée ; c'était pour un talent comme le sien, un assez mince théâtre qu'un journal à Pau qui comptait à peine 16,000 âmes à cette époque : Mais la révolution du 24 février 1848 ne se fit pas longtemps attendre : c'était la plus grande révolution de ce siècle puisque la révolution de 1789 ne lui appartient pas ; car elle inaugurait par le suffrage universel l'avènement des *nouvelles couches sociales*, comme on est convenu de les appeler et ouvrait sur le pays des horizons gros d'orages et d'inconnu.

L'importance de la presse grandit tout d'un coup ; et pendant quelques mois, elle fut le premier et presque le seul pouvoir du pays. Sous la plume brillante de son jeune rédacteur, le *Mémorial des Pyrénées* s'éleva rapidement au premier rang des journaux de province. Son influence devenue considérable fut vaillamment employée à la défense des principes conservateurs et des hommes qui les personnifiaient au milieu de la cohue politique et de l'anarchie de cette époque : ce furent les grands jours du *Mémo-*

rial des Pyrénées. Survint le coup d'Etat du 2 Décembre 1851, auquel P. O'Quin refusa publiquement son adhésion (*Mémorial* des 4 et 5 Décembre 1851); après le plébiscite du 20 Décembre, il se rallia au nouveau pouvoir ; et lorsqu'il fallut procéder aux élections du Corps Législatif, en 1852, il devint l'élu de la 1re circonscription des Basses-Pyrénées, qu'il a constamment représentée jusqu'à la fin de 1865, époque à laquelle il fut nommé Trésorier-Payeur général à Pau.

Au Corps Législatif, P. O'Quin soutint loyalement le gouvernement Impérial, s'occupant le moins possible des questions politiques mais beaucoup des questions d'affaires. Sur les questions de principe ou qui engageaient la conscience, il se sépara quelquefois du gouvernement, notamment au sujet de la loi de sûreté générale qu'il ne vota point, et sur la question Romaine dans laquelle il vota constamment avec les députés catholiques, au risque de déplaire à l'Empereur lui-même.

Les finances furent de sa part l'objet d'études spéciales, et avec la merveilleuse faculté de compréhension et d'assimilation qui le distinguait, il devint bientôt un des meilleurs financiers de la Chambre ; il fut plusieurs fois rapporteur du budget et s'acquitta de cette difficile et laborieuse tâche avec une supériorité qui frappa ceux-là mêmes qui connaissaient l'heureuse diversité de ses aptitudes. Ses rapports du Budget sont des modèles de précision et de clarté : ils sont le résultat d'un immense travail, car on n'avait pas encore divisé le budget en autant de rapports qu'il y a de ministères, comme on le fait aujourd'hui, et il n'y avait qu'un seul rapporteur et un seul rapport ; c'est ainsi que P. O'Quin prit rang parmi les membres les plus capables et les plus estimés du Corps Législatif ; bien des gens qui ne lui contestaient ni l'esprit ni le talent d'écrire, se refusaient à admettre qu'il fût devenu un homme d'affaires consommé ; et pourtant sa compétence financière, sa sagacité et la sûreté de son coup d'œil étaient si bien établies, que depuis qu'il eût cessé d'être député, on le consultait souvent sur des questions de budget, et qu'il arriva même au ministre des finances de faire confidentiellement appel aux lumières du trésorier-payeur général des Basses-Pyrénées pour l'aider à résoudre des difficultés qui l'embarrassaient.

P. O'Quin ne consacra pas seulement tout son talent au service de l'Etat et des intérêts publics; il s'employait aussi avec un zèle infatigable à la satisfaction des intérêts privés : rien ne lui coûtait, ni les démarches ni les sollicitations, lorsqu'il s'agissait de faire prévaloir une cause juste ou un intérêt légitime méconnus : ses commettants le savaient bien ; aussi avait-il acquis parmi eux une grande popularité, et la foule des votants était toujours considérable autour du scrutin, lorsqu'arrivait le jour de l'élection dans la 1re circonscription des Basses-Pyrénées.

P. O'Quin fit partie du Conseil Général des Basses-Pyrénées de 1852 à 1865, et prit aux travaux de cette assemblée la part la plus active et la plus utile, en particulier sur les questions de tracés de chemins de fer; questions si vives à cette époque et si palpitantes d'intérêt. On n'a pas oublié avec quelle énergie et quel talent il lutta presque seul contre la ville de Tarbes et le puissant patronage qui l'appuyait, pour faire écarter le tracé par Pontacq et faire prévaloir le tracé par la vallée du gave : il finit par l'emporter après une lutte de plusieurs années. Il remplaça dans les fonctions de secrétaire du Conseil général un homme éminent et toujours regretté, M. Chegaray, Conseiller à la Cour de Cassation, enlevé par une mort prématurée ; il n'y avait alors qu'un secrétaire unique au Conseil général des Basses-Pyrénées, ce qui imposait à celui qui était chargé de cette tâche un travail rapide et fatiguant. O'Quin s'en acquitta avec son talent et sa facilité ordinaires.

Enfin P. O'Quin fut Maire de Pau pendant cinq années environ, de 1860 à 1865. Sous son administration qui fut active et féconde, fut résolue une grosse question qui divisait la ville et le Conseil municipal, celle de l'emplacement de l'Eglise Saint-Martin, et la première pierre de cet édifice fut posée ; la nouvelle église Saint-Jacques fut rebâtie ; le Boulevard Pédecoig fut terminé ; une autre question, très-grave aussi, celle de l'alimentation hydraulique de la ville était à l'ordre du jour de l'opinion publique ; elle fut longuement étudiée sous la direction du Maire par les hommes les plus compétents et les plus expérimentés ; on s'arrêta à la solution qui paraissait la meilleure dans le présent et dans l'avenir et qui l'était en effet ; l'entrepreneur ne fut pas pris au hasard, il fut indiqué et agréé par l'Ingénieur distingué qui avait fait ou dirigé les études de la conduite d'eau, M. l'Ingénieur en chef Monnet, mort Ingénieur en chef des Bouches-du-Rhône, qui avait vu cet entrepreneur à l'œuvre dans l'exécution de travaux identiques. L'entreprise commença et se poursuivit sous la direction et la surveillance de M. Monnet et de ses agents ; mais lorsque la conduite d'eau fut livrée à la ville, il se trouva qu'au lieu de l'eau si limpide du point d'émergence elle ne donnait pendant les temps de pluie qu'une eau trouble et bourbeuse ; il fut reconnu que les infiltrations terreuses étaient le résultat d'un vice de construction des travaux de maçonnerie. L'entrepreneur a été judiciairement déclaré responsable ; peut-être aurait-on pu inculper moralement le directeur des travaux pour s'en être trop complètement rapporté à l'entrepreneur, quelle que fût l'expérience de celui-ci en matière de travaux d'alimentation hydraulique. Le Maire avait agi avec une prudence extrême et ne s'était adressé pour diriger et exécuter l'entreprise qu'à des hommes d'une capacité notoire ; il n'avait aucun reproche à se faire.

En prenant possession de ses fonctions de maire,

P. O'Quin avait publié une brochure-programme où sont indiquées plusieurs améliorations réalisées pendant et depuis son administration.

Nous voici arrivé au moment où l'état de santé de P. O'Quin lui commandait impérieusement le repos : dix-sept années d'un travail incessant comme journaliste, comme député, l'avaient fatigué et usé, et il était déjà atteint de la maladie qui l'a emporté, lorsqu'il demanda et obtint la Trésorerie-générale des Basses-Pyrénées : ce ne fut pas sans regret que le Ministre des Finances de cette époque le vit s'éloigner de la vie politique : M. Fould lui avait dit souvent qu'il était destiné à lui succéder; mais P. O'Quin était sans ambition, il avait besoin de respirer l'air natal et il renonça aux plus brillantes perspectives d'avenir. Trésorier général, il s'occupa de ses nouvelles fonctions avec cet esprit pratique et exact qui constituait un des traits de son caractère si plein d'heureux contrastes; et la Trésorerie-générale des Basses-Pyrénées ne tarda pas à être notée par les inspecteurs généraux des finances, comme l'une des plus correctement tenues qu'il y eût en France. Désormais il ne songea qu'à raffermir sa santé ébranlée et à vivre de la vie de famille, sans s'occuper, quoiqu'on en ait dit, de journalisme et de politique.

Ainsi s'écoulait doucement sa vie, lorsqu'à la suite de la révolution du 4 septembre 1870, le Gouvernement de la Défense Nationale, transporté de Tours à Bordeaux, appela auprès de lui le Trésorier-général des Basses-Pyrénées. Certes, les circonstances

étaient sérieuses : le Gouvernement était aux abois ;
il manquait d'argent, les dépenses quotidiennes étaient
énormes, il fallait créer des ressources à tout prix
et immédiatement, soit en frappant du papier de
banque, puisque toute communication avec Paris était
interceptée, soit de toute autre manière. P. O'Quin
déféra sans hésiter à l'invitation qui lui était adressée ;
il partit pour Bordeaux et dès son arrivée les mesures
financières les plus graves et nous ajouterons les plus
périlleuses furent proposées et débattues. P. O'Quin
se constitua l'énergique et intelligent défenseur des
saines doctrines et les fit prévaloir sur les procédés
aventureux et anti-conservateurs pour nous servir des
termes les plus modérés ; il fit décider par le Gouvernement qu'il serait fabriqué du papier de la Banque de
France : à cet effet, on nomma M. O'Quin *sous gouverneur*
et il intervint un traité régulier entre l'État, représenté
par le gouvernement de la Défense nationale, et la
Banque de France représentée par le nouveau sous-
gouverneur. La fabrication du papier commença aussitôt
sous la direction de celui-ci, qui garda ses fonctions et
résida à Bordeaux jusqu'au rétablissement des communications avec Paris ; on lui offrit les émoluments
de sous-gouverneur de la Banque, il les refusa et
ne voulut même pas accepter une indemnité de
séjour, se trouvant suffisamment payé par les services
rendus à son pays. C'est là une belle page dans la vie
de notre ami qui n'a pas été seulement dans cette
occasion utile à l'État, dont il a sauvé le crédit et peut-
être conjuré la ruine, mais qui a encore, grâce à sa

connaissance approfondie de la matière, pu sauvegarder les intérêts des actionnaires de la Banque de France ; aussi reçut-il les vives félicitations du Président de la commission chargée de l'enquête sur le gouvernement de la Défense Nationale, M. Casimir Périer, lorsqu'il fut appelé plus tard à déposer devant elle ; de son côté, le Gouverneur de la Banque de France écrivit à l'ancien sous-gouverneur de Bordeaux au nom du Conseil supérieur et des actionnaires de la Banque, pour le féliciter et le remercier du traité passé entre lui et le gouvernement de la Défense, traité irréprochable et où tous les intérêts avaient été si heureusement et si habilement préservés.

L'ancien dictateur lui-même, M. Gambetta, n'a certainement pas oublié le concours si patriotique et si désintéressé que lui prêta, à l'heure de nos détresses et de nos désastres, le trésorier-général des Basses-Pyrénées : « De tels hommes, disait-il
« dans une réunion dont quelques personnes n'ont
« peut-être pas perdu le souvenir, font honneur à
« un pays : à ces hommes là on ne demande ni
« qui ils sont ni d'où ils viennent : on doit s'estimer
« heureux d'obtenir leur concours et leurs services. »

Nous venons de résumer de mémoire et d'après nos souvenirs personnels, la vie trop courte mais si bien remplie de P. O'Quin : dans la presse, il a été un maître dans l'art d'écrire et un polémiste hors ligne ; au Corps Législatif, il a été un remarquable orateur d'affaires chez qui la pureté et l'élégance du langage s'unissaient à la précision et à la lucidité ;

prenant souvent la parole et toujours très écouté dans les bureaux, dans les commissions dont il faisait partie et même à la tribune qu'il aborda plusieurs fois avec un plein succès en qualité de rapporteur du budget: dans le monde où P. O'Quin fut toujours très-recherché et très-goûté, la remarquable distinction de sa personne et de ses manières, sa réputation méritée d'homme d'esprit, sa causerie tour à tour piquante ou sérieuse et toujours attachante lui assignaient une place à part.

Pour compléter son portrait, nous ajouterons qu'il fut un homme de cœur et de foi, une âme honnête et droite, incapable de haine et de vengeance; poursuivi quelquefois avec un acharnement que la passion politique n'eût pas toujours pour seul mobile, il ne chercha jamais à se venger de ses détracteurs autrement que par quelques traits exempts de fiel qu'à l'occasion il décochait contre eux en souriant ; il ne leur fit jamais de mal. La vengeance est un plaisir âcre et malsain qu'ignorent les cœurs de cette trempe.

La mort de cet homme éminent est un deuil et une perte pour la ville de Pau et pour notre Béarn où il occupait une si grande place.

Tel était P. O'Quin, mort le 4 mai, à peine âgé de 56 ans, dans la plénitude de ses hautes facultés intellectuelles ; depuis quelques années, sa santé était de plus en plus mauvaise, et dans ces derniers temps, son mal ou plutôt ses maux avaient fait d'effrayants progrès ; il ne se faisait aucune illusion sur la gravité de son état et sur l'imminence du péril ; son cœur, il est vrai, se serrait à la pensée d'avoir à se séparer de sa famille bien-aimée, « qui aurait eu encore besoin de lui, nous disait-il la veille de sa mort » : Mais la religion et la foi qui chez lui était profonde, ont adouci l'amertume du sacrifice ; il n'avait pas attendu l'heure suprême pour se préparer à mourir et plus d'une fois il avait reçu les sacrements de l'Eglise avec de grands sentiments de piété.

P. O'Quin laisse une veuve inconsolable, modèle accompli de toutes les vertus domestiques avec cinq enfants dont quelques-uns dans un âge encore tendre, léguant à tous ces êtres aimés qui lui survivent un nom honoré et considérable qu'ils sauront porter dignement.

P. O'Quin avait des amis, de vrais amis ; j'étais de ce nombre et au premier rang. Notre amitié datait de près de 40 années et nos relations étaient presque de chaque jour ; le cruel évènement qui me sépare pour toujours sur cette terre, de l'ami de ma jeunesse, de l'ami de mes vieux jours m'a déchiré l'âme et plusieurs fois, en écrivant cette insuffisante et incomplète notice, j'ai senti mon cœur défaillir et la plume s'échapper de mes mains.

Multis ille bonis flebilis occidit ;
Nulli flebilior quàm mihi ..... (1).

Pau, 8 mai 1878.

H. D'ASTIS.

(Mémorial du 9 mai.)

(1) Sa mort a été pleurée de plusieurs ; nul ne l'a pleurée plus que moi: (HORACE, *ode à Virgile*).

Nous apprenons aujourd'hui la mort de l'homme éminent que la ville de Pau, le Béarn et la France viennent de perdre. Si nous n'avons pu nous incliner devant son cercueil, qu'il nous soit permis du moins de joindre de loin notre hommage à tous ceux qui ont retenti autour de sa tombe. C'est l'hommage d'un ami qui fut le témoin de sa vie et qui, pour honorer sa mémoire, n'a qu'à se souvenir.

M. Patrick O'Quin fit ses études au Lycée de Pau ; il les avait terminées à moins de seize ans. C'était sa coutume d'obtenir chaque année tous les premiers prix de sa classe.

Nous le voyons encore avec sa petite taille, son allure enfantine, sa physionomie singulièrement expressive où brillaient déjà, à travers les grâces de l'âge, le feu du regard et la finesse du sourire ; nous le voyons recevant des couronnes qui étaient des présages, étonnant et charmant tout le monde par le contraste d'une adolescence délicate, presque fragile, et d'une intelligence merveilleusement précoce ; nous voyons, au coin du théâtre, M. Butay, notre vieux maître et son aïeul à lui, trahissant sa joie par ses larmes et semblant dire par sa fierté émue que ce petit fils ferait un jour honneur à sa famille et à son pays.

En sortant du Lycée, M. O'Quin suivit les cours de l'école de Droit.

Il n'était pas toutefois de ces esprits que la spécialité absorbe et qui s'y limitent. Il dépensa l'activité de sa jeunesse dans des études variées apportant dans toutes une surprenante rapidité d'assimilation et je ne sais quelle sagacité prompte et sûre qui saisissait vite, ne perdait plus ce qu'elle avait acquis et semblait deviner ce qui lui échappait encore. On eût dit qu'il faisait de larges provisions pour un avenir dont il avait le pressentiment.

Malgré des débuts qui furent justement remarqués, le barreau ne put longtemps le retenir.

Un homme de grand sens et de bien, dont le souvenir est resté cher à tous ceux qui l'ont connu, eut l'heureuse inspiration de lui confier la rédaction du *Mémorial des Pyrénées*. Ce fut pour M. O'Quin une double bonne fortune. Il entra dans une carrière qui mit en lumière ses belles et riches aptitudes ; En se rapprochant d'une famille respectable où sa vie devait se fixer, il y trouva une noble compagne qui rehaussait par une simplicité charmante les délicatesses d'une vertu accomplie et dont hélas! le respect public ne peut désormais qu'adoucir le deuil sans le consoler.

On put voir, dès les premiers moments, que le journal était aux mains d'un maître. Mais ce fut surtout, de 1848 à 1852, que M. O'Quin eut occasion d'y montrer toutes les richesses de son talent. Chaque jour le trouvait seul sur la brèche, suffisant à tout avec une aisance qui n'était égalée que par son inépuisable fécondité.

Toutes les questions politiques, religieuses, sociales, économiques qui furent posées pendant cette période agitée, il les abordait dans son journal avec une prudente hardiesse et il les traitait avec une rare perspicacité.

Il avait au service de ses idées un style facile sans négligence, élégant sans recherche, quelquefois étincelant de verve et d'entrain, qui, selon les aspects de la polémique quotidienne, s'élevait avec noblesse, se répandait avec grâce ou éclatait en vives et impétueuses saillies, sans jamais se heurter aux deux écueils de l'improvisation écrite, la trivialité et le faux goût. Il conquit, nous pouvons le dire sans flatterie, un des premiers rangs dans la Presse militante de cette époque et se fit de son journal une Tribune dont le retentissement s'étendit beaucoup plus loin que notre Département.

— 24 —

En 1852, la confiance de ses concitoyens l'appela au Corps Législatif où il fut maintenu jusqu'en 1865 par des élections successives.

Il fit partie de la majorité de cette assemblée et apporta le concours le plus loyal au gouvernement qu'il avait accepté.

Mais en servant l'Empire avec dévouement, il sut garder une noble indépendance.

Il refusa son adhésion aux modifications de la loi de 1850 sur la liberté de l'enseignement supérieur qui alarmaient ses convictions de chrétien, comme à la loi de sûreté générale qui répugnait à ses principes de légiste ; et lorsque la question Romaine se posa devant les Chambres françaises, il soutint de sa parole et de son vote cette souveraineté pontificale qui, pour lui comme pour tous les catholiques, était l'auguste et nécessaire garantie de l'indépendance de l'Église et de la liberté des âmes. On retrouve son nom parmi ceux des 91 et des 86 députés qui, dans deux sessions successives, tinrent à honneur d'affirmer leur inviolable fidélité à cette grande cause.

Après avoir été souvent membre de la commission du Budget, il en fut le Rapporteur pendant deux années consécutives.

Ses rapports obtinrent un grand et légitime

succès. Amis et adversaires s'accordèrent à y reconnaître la connaissance approfondie des affaires administratives et des gestions financières, l'impartialité du contrôle, la clarté d'une exposition méthodique, l'agrément d'une forme, à la fois brillante et précise, qui donnait de l'attrait, en les éclairant, aux questions les plus ardues et aux chiffres les plus arides.

A l'occasion du dernier rapport de M. O'Quin, M. Thiers attaqua le système financier du gouvernement et de la commission dans un de ces merveilleux discours auxquels se plaisait son éloquence et où il aimait à déployer les ressources de cette parole sensée et originale, simple et élevée, savamment mesurée et vivement acérée, charmante et éblouissante, dont il avait le secret.

M. O'Quin dut se mesurer avec cet incomparable athlète. Un talent ordinaire aurait succombé à cette épreuve difficile ; elle ne fut pas au-dessus de celui de M. O'Quin. On admira dans sa réponse cette rectitude de sens, cette souplesse d'argumentation, cette lucidité de vues, et aussi cette distinction naturelle et ce tact exquis qui étaient la marque et comme la supériorité de son esprit lumineux et délicat.

Trois mois plus tard un décret Impérial

appelait M. O'Quin aux fonctions de Receveur général des Basses-Pyrénées.

Il dirigea son service avec une haute compétence. Il exigeait des fonctionnaires placés sous ses ordres et dont il était responsable cette rigoureuse exactitude dans l'accomplissement du devoir dont il acceptait la loi pour lui-même ; mais son autorité s'inspirait toujours de la justice et était tempérée par une bienveillance cordiale et attachante.

En possession de la confiance publique, il était souvent consulté par beaucoup de ses compatriotes, et il prodiguait avec sympathie des conseils toujours judicieux et toujours écoutés.

Dans ce cabinet de travail où l'on trouvait toujours un accueil si courtois, que nous aimions à entendre ces causeries fines, abondantes et spirituelles où il se montrait avec toute la variété de ses dons, simple et distingué, aimable et érudit, sagace et pénétrant, homme d'esprit et homme de cœur! Il nous y reçut, il y a un mois, pour la dernière fois ; la maladie n'avait affaibli ni son intelligence, ni son courage. Jamais il ne nous avait paru plus doucement affectueux, plus élevé de sentiments, plus ferme dans sa foi aux vérités éternelles, nous ressentîmes cette impression à la fois douloureuse et confiante que son corps penchait vers la mort et que son âme montait vers Dieu.

Mais revenons à sa vie.

La trace qu'il avait laissée dans son existence publique n'était pas effacée. En 1870, lorsque la France était envahie, lorsque le gouvernement de Bordeaux voyait les ressources financières de l'État épuisées et ne pouvait recourir au Conseil de la Banque de France, enfermé à Paris, pour faire face à ses exigences pressantes, M. O'Quin fut appelé pour remédier aux périls et pourvoir aux nécessités d'une telle situation. Son patriotisme ne recula pas devant la responsabilité de cette grave mission. Ce n'est ni le lieu, ni le moment de faire connaître les détails de son intervention. Qu'il nous soit permis seulement de dire que par les mesures qu'il provoqua et par celles qu'il empêcha, M. O'Quin attacha à son nom un grand honneur en rendant au Pays un grand service.

Le Béarn eut toujours une place de choix dans ses prédilections.

Membre du Conseil général des Basses-Pyrénées de 1852 à 1865, il prenait une part active et prépondérante aux travaux de cette assemblée. Secrétaire, il rédigeait des procès-verbaux qui sont des chefs-d'œuvre ; ce qui ne l'empêchait pas de faire sur les questions les plus importantes des rapports qui, en élucidant les difficultés, préparaient les solutions. Il avait au plus haut degré l'intelligence efficace et le souci généreux des intérêts de nos populations.

Comme surtout il aimait la ville de Pau ! Comme il en était fier ! Comme il était jaloux de la mettre en harmonie, au point de vue municipal, avec ce que la beauté de son site, l'attrait de son climat et l'urbanité de ses habitants avaient fait d'elle ! Il en fut le Maire pendant bien peu d'années; mais ce fut assez pour qu'il ouvrit la voie aux plus utiles progrès. Son administration fut doublement féconde par les œuvres qu'il accomplit et par celles dont ces initiatives préparèrent la réalisation.

Tel était l'homme qui vient de nous être ravi. Encore n'avons nous pas pu tout dire.

Nous n'avons pas pu pénétrer dans ce foyer que M. O'Quin animait de sa présence et où sa mort a creusé un vide irréparable dans tant de cœurs meurtris. Nous n'avons pas osé soulever le voile qui hier couvrait tant de bonheurs et qui aujourd'hui couvre tant de tristesses. Nous n'avons pas dit assez tout ce qu'il y avait de tendresse et d'abnégation dévouée dans ce cœur d'époux et de père, d'élévation, de droiture et de bonté vraie dans ce caractère d'honnête homme, de foi sincère et profonde, de charité généreuse et compatissante dans cette âme de chrétien.

Le respect s'arrête devant les grands deuils ; et puis, il y a des vertus qui commandent aux hommes la discrétion de la louange et que Dieu se réserve de récompenser.

L'âme de notre ami a déjà reçu, nous l'espérons, cette suprême récompense.

Nous en avons pour gage sa fin si admirablement chrétienne à laquelle rien n'a manqué, ni sa sérénité résignée, ni les bénédictions de l'Église, ni les larmes de la famille, ni les regrets de l'amitié, ni les témoignages de la douleur publique.

Ch. Chesnelong.

Paris, le 7 mai 1878.

(Mémorial du 11 Mai.)

Pau, impr. Viguancour. — F. Lalheugue, imprimeur.

www.ingramcontent.com/pod-product-compliance
Lightning Source LLC
Chambersburg PA
CBHW060506050426
42451CB00009B/848